NOTICE D'ESTAMPES MODERNES ET LITHOGRAPHIES EN NOIR & EN COULEUR

Études, Vues, Recueil pour l'Art et l'Industrie, etc.

DONT LA VENTE AURA LIEU

HOTEL DES COMMISSAIRES-PRISEURS

Rue Drouot, 5

SALLE N° 3, AU PREMIER ÉTAGE

Les Jeudi 8 et Vendredi 9 Octobre 1863, à une heure précise.

Me **DELBERGUE-CORMONT**, Commissaire-Priseur,
rue de Provence, 8,
Assisté de **M. VIGNÈRES**, marchand d'Estampes,
rue de la Monnaie, 13, à l'entresol; entrée rue Baillet, 1,
CHEZ LEQUEL SE DISTRIBUE LA NOTICE.

PARIS
RENOU & MAULDE
IMPRIMEURS DE LA COMPAGNIE DES COMMISSAIRES-PRISEURS
144, rue de Rivoli.

1863

CONDITOINS DE LA VENTE

Elle sera faite au comptant.

Les acquéreurs paieront en sus des adjudications, CINQ pour CENT, applicables aux frais.

1ère Vacation Jeudi 8. octobre 1863.

46	sujets Religieux	1	75
30	Langage	2	50
40	Vues de Russie	5	50
24	Sport	1	50
50	fleurs Pascal	1	25
35	Sport	2	
42	Saints en noir	1	
21	Langage	1	50
57	Religieux Couleur	7	50
50	Maucherat	5	50
32	Sport	3	50
17	Etudes Contemporaine coul	4	50
45	Religieux noir	3	
50	Fleurs Pascal	2	75
50	p. noir et couleur	4	75
43	petites maisons, études	4	25
17	Costumes Militaire coul	1	50
22	Contemporaine Couleur	4	75
40	Sport	4	25
17	Lalaisse, Aubry Militaire	1	
50	Maucherat	5	50
		69	75

		69	75
40	petites maisons Pavillon	3	75
46	Religieux noir	2	25
50	Fleurs Pascal	3	50
20	Langage noir	1	50
38	Sport	3	75
34	Oiseaux Couleur	6	
36	Moyen age	2	50
40	Sport	3	25
18	Langage	1	50
42	fleurs couleur	4	75
16	Costumes Militaires Couleur	1	75
55	fleurs Pascal	2	50
50	Vitor Petit Pavillon noir	5	50
32	Cost. militaires Couleur	4	
40	Valerio etc	4	
40	Bellanger etc	3	75
20	Langage	1	75
18	Machines Coloriées	11	50
50	Maucherat	4	50
50	ornements	4	
33	Ferogio	2	25
		148	00

			148	
	49	Tapisserie ornemens	1	25
	23	Tombeaux	1	75
	67	ornemens manuel de peintures	6	
	30	Sport	2	25
	29	petites constructions coul	12	
	20	Costumes militaires Coul. Bastin	4	50
2 lots	10	Exposition etc Couleur	2	75
	17	Contemporaines Couleur	2	
	7	Grand Exposition Paris et Londres	1	50
	33	ornemens Colette	4	75
	50	Fleurs Pascal	1	75
	27	Maison de Campagne Coul	10	50
	23	l'art Ceramique	3	50
	85	Couleur, Contemporaines coupés,	2	
	38	ornemens d'apres Lepotre	10	50
2 lots	11	Exposition etc Couleur	5	50
	27	armures antiques	6	
	25	Galerie de Costumes Couleur	10	
	4	Gouaches etc	2	25
2 lots	9	Paysages Couleur Grand	7	
	22	Galerie de Costumes Couleur	10	
	40	architecture monroy	4	50
			260	25

		260	25
49	Gericault	19	
38	ornemens maudoine	6	
23	animaux	3	25
180	Ornemens morel	31	
40	animaux chevaux	2	
40	Victor Petit machines etc	5	50
35	animaux	2	
50	Victor Petit Construction pittoresque complets avec portefeuille	16	
37	Sport	3	50
15	Jullien fleurs couleur	5	
50	animaux	2	
20	Langage noir	2	
30	Costumes Couleur	10	
30	Blery	13	
45	Victor adam divers	4	
40	d°	2	50
55	Machines	2	
40	ornemens	6	
30	Fleurs	3	50
35	ornemens	1	
27	Fleurs	2	25
		401	75

		401	75
25	Machines	11	
42	Ornemens	7	
26	fleurs Couleur	6	50
8	nature morte Canards	8	
30	ornemens	3	
14	animaux	4	
11	Grands noir	2	
35	Orfevrerie	6	50
27	flore d'amerique	5	50
63	fleurs	1	50
35	Sport	2	75
25	langage	2	
28	fleurs noir et couleur	3	
91	Ornemens	8	50
25	Etudes au lavis machines	9	50
53	ornement Carot	11	
20	fleurs coul divers noir	3	50
25	machines Coul	10	50
35	ornemens Billordeau etc	6	50
50	Mancherat	3	50
17	Papillon oiseau ornemens coul	2	75
		520	25

	520	25
35 Billordeau etc	5	
64 fleurs carmine	9	50
10 Victor adam coul	1	75
26 d° Noir	4	
50 Fleurs Pascal	2	
2 lots 21 tetes fleurs Etudes	6	50
15 grandes Etudes	3	75
32 Billordeau	6	50
47 vues et paysages	1	
35 Etudes	5	50
27 ornemens Julien etc	9	
15 Calame	5	
44 Etudes Paysages	5	
12 Gdes Etudes Ducollet	8	50
35 Etudes Paysages	7	
25 ornemens Julien	9	
10 Gdes tetes Jullien	7	50
27 ornemens Julien	10	
10 Gde tete Julien	6	50
78 reveil d'Italie 67 11 couleur	2	50
12 fleurs de Raphael madame	6	
	641	75

		641	75
7	ornemen Lienard	3	
20	architecture moderne	3	50
27	voiture victor adam Couleur	5	
16	algerien Couleur	2	50
11	marines	3	75
18	Marines	3	25
50	Etudes Calame etc	4	50
9	Marines Couleur	4	50
40	Hubert	8	50
35	Hubert	8	
35	Etudes en couleur graduées	5	50
18	album mysterieux Coul.	3	50
22	Vue a vol d'oiseau	7	50
15	Sujets gracieux	3	
20	Voyage aerien	6	
52	Chateau Victor petit	5	50
25	Italie a vol d'oiseau	8	
25	France aerien etc	3	50
26	vol d'oiseau et aerien	5	
20	Chateau de la loire	9	
18	Sujets Couleur Grenier	5	50
		750	25

		750	25
20	Chateau de la loire	9	
46	Julien	5	50
71	Ducollet	19	
40	Mozin	2	50
28	Maggi Ducollet 2 tons	9	
30	Hubert a 2 tons	3	50
30	Pingot Ducollet 2 tons	9	50
33	Hubert a 2 tons	3	50
22	Chateau de la loire	9	50
25	Hubert mine de plomb	3	75
27	Maggi Ducollet	8	50
30	Sport	3	50
39	art architectural	7	
20	Chateau de la loire	9	50
18	perspective	1	
21	Calame, Hubert	3	75
40	Feuchere, Motzmacher	8	50
20	Fontainebleau	8	50
20	Calame	7	
14	Chateau de la loire	4	50
20	Hubert Alerget	4	50
		891	25

			891	25
	20	Palais de Lyon Fontainebleau	7	50
	25	Hubert autolithographe	4	
	20	Fontainebleau Lyon	6	
2 lots	30	Ferogio et autres	7	50
	20	Fontainebleau	7	50
	15	Villa amil Espagne	2	50
	100	Chateau de Victor Petit complet	21	
	16	Espagne Villa Amil	4	
	75	modeles classiques Ducollet	22	
	16	Espagne Villa amil	3	
	44	Petites constructions coul	11	50
	19	Photographies	3	75
	16	Villa amil Espagne	3	50
	49	Parcs et Jardins coul	10	50
2 lots	60	eaux fortes et marines	2	75
2 lots	50	Bois et autres	4	25
	44	Maisons de Campagne	10	50
2 lots	69	divers artistes	7	50
2 lots	55	l'artiste et autres	6	50
	78	Portraits des Representants	2	50
	13	Italie Vol d'oiseau	3	75
			1043	25

		1043	25
32	Itali Deroy	1	
24	Itali Vol d'oiseau	2	
62	Boissieu	12	50
2 lots 45	Camort de Calvin etc	3	75
17	Fontainebleau	9	50
40	Habitations champetres	9	
34	algerien Sport	2	75
50	Maucherat	2	75
100	tetes Deveria	3	50
44	Habitations Champetres	10	50
55	l'art industriel	7	
15	Costumes militaires	4	25
33	~~l'art industriel~~	7	50
16	oiseaux traviès	10	
27	Langage	3	
20	Oiseaux Traviès	8	50
50	Fleurs Pascal	4	
14	Bellanger	2	50
12	Raffet	3	50
24	Sport	2	25
		1153	60

2e. Vacation

23	Sport	1	25
15	portraits	1	
50	fleurs Pascal	1	50
25	Langage	1	75
12	Cahiers allemand architecture	2	
14	danse de mort etc	3	50
28	lithographie	2	25
50	Maucherat	3	
15	Generaux	1	50
26	Sport	2	75
27	Lithographies	3	75
63	fleurs Pascal	1	
7	fleurs Couleur	5	50
8	Pieces Filon	4	
9	couleur chiendete	2	50
20	portraits	1	50
10	fleurs Couleur	2	50
25	Etudes animaux etc	1	
26	Portraits Vignerons	1	50
11	Fleurs Couleur	4	50
32	Portraits	2	25
		50	50

			50	50
	28	Sport	2	
	9	Machines	3	
	25	Langage	1	50
2lots	24	Décamps et autres	2	50
	46	Manuscrat	2	50
	10	Manière noire elle s'enfuit etc	2	50
	8	Felon et autres	1	50
	11	Martens	4	25
	14	Fruits Couleur	1	25
2lots	21	Fleurs et Fruits	2	25
	8	Fleurs Du Sujet etc	3	
	28	Sport	2	25
	9	manière noire	2	
2lots	8	manière noire	4	50
	8	pièces en couleur	2	25
	29	Sport	2	25
	8	pièces en couleur	2	75
	24	langage	1	25
	20	J. Lind et autres Couleur	2	25
	10	Papety, Felon Couleur	3	
2lots	19	Couleur	8	
			107	25

			107	25
2 lots	17	Couleur	8	
	10	Compte Calixe	4	25
2 lots	15	Couleur	9	
	10	Couleur	3	25
	6	Couleur fond noir	2	75
	5	Bibi S. Vincent de Paul	2	50
	12	têtes fond noir	2	50
	10	Jullien Grevedon Couleur	2	75
	5	Jullien fond noir Vierge	2	50
	6	Jullien ovale	3	50
	5	Jullien fond noir	2	
	5	d. d.	4	
	7	d. Couleur	6	50
2 lots	9	d. d.	7	50
	6	Martens Couleur	2	
	8	Lithog. et manière noire	8	50
	8	Ondine, Ariel	4	75
2 lots	9	Ecorchés et autres	2	75
	4	Gavarny, Hauron	3	50
	6	Vesale et autres	9	50
	5	Saison des Papillons	2	50
			196	75

		196 75
6	Moines noir et couleur	3 25
6	Pochades sous Bois	4 50
5	Chiens et chats	2 50
7	Les Miserables etc Couleur	4 50
4	John Brown, art et liberte, Vesale,	6
8	Phisionomie de Paris Couleur	5
14	Batailles pieces historique	2 25
11	Campagne de Crimée coul	5 50
11	Napoleon I. III. d'ap. Charlet etc	2
6	Lamartine Pape etc Portraits	2 25
11	actrices portraits Vignettes	5 50
11	Napoleon	2 75
9	Guizot duc d'Orleans	2 50
5	Beranger etc Vignettes	1 50
13	Ristori etc	1 50
2 lot 32	Chemin de croix et Sujets couleur	2
7	Vierges couleur	1 50
7	Religieux	2 50
11	Colin entourage argente	1 50
2 lot 19	Sujets religieux	7 50
2 lot 24	d° d°	6
		269 25

	:	269	25
	10 Sujets religieux	4	50
	12 d° d°	3	50
	12 Sacré Cœur	4	
2 lots	13 Sujets religieux	2	75
	11 Chevaux couleur	4	
2 lots	4 farm yard, Herring coul	4	
2 lots	13 Chevaux couleur et noir	6	
	7 Le faisan, le lievre, chasse	5	
2 lots	8 Chiens, Chevaux	6	
	5 Chevaux Rosa bonheur	2	
	5 Julien; H. Vernet	1	50
	2 Moreau assemblée nationale	1	75
	70 Boissieux complet	30	
	10 Moïse, Bossuet, Greuze	3	
	13 Burin, Pape Dupont Masque napoleon	2	
	14 Burin petites pièces	6	
	2 Scheffer Lamoyeur	2	
	8 Scheffer, Wille	7	
	5 Homere et autres	4	
	2 Decamps, Pelerins Delaroche	3	50
	3 Ste Juste, Mater dolorosa	4	50
		376	25

				376 25
	8	Sabatier et autres		2 50
	8	manière noire		6
x	5	Perspective Chenot et autres		3 50
	7	Lithog. gracieuses		4 75
x	6	Chenot très frais	M Boivin	5 50
x	6	Chenot		3 75
x	6	Chenot		4 50
	10	Tournois Alhambra		3 25
	19	man. noire têtes de femme Gracieuses		9
	5	man. noire		2
	10	Batailles etc		6
	10	Man. noire		8
	4	Leopold Robert		8
	4	Arioste, moines Hippocrate		7
	4	man. noire Heureux enfans		6
	5	l'orage, la moisson		2 50
	5	Maire charitable etc	Vigneron Labrouste	8 50
	4	orage etc	Labrouste	4
	6	Marines	Labrouste	4
	5	Judith etc		6 50
	7	Algérie manière noire, chameaux		5
				486 50

		486	50
2	Lecture d'un testament avant la l.	3	25
2	Mariage de raison	2	50
2	Jesus et les enfants Labrouste	16	50
3	deputé ferrand, la patte du renard etc	7	50
2	Collin Maillard	4	50
2	le furet et pendant	4	
1	dolce farniente	4	50
1	Cleopatre	5	
1	la ronde de mai	8	
2	la ferme embrasée	3	
2	Louis XIV. et Condé	4	25
4	diday et Couleur	3	
2	Vues de Naples	4	50
1	Vue de Paris Photographie	2	75
8	fleurs et fruits Couleur	17	
6	Couleur Jazet	4	
2	H. Vernet Couleur	3	
2	Razzia couleur	4	50
3	atala, Joseph. Jesus a Jerusalem Coul	4	25
2	Vierge Chevenin et autre	4	75
5	Boissieu, S. Vincent de Paul	3	
		600	25

			600	25
4	Ste Geneviève et autre		2	
1	la messe de Morghen		10	50
3	Volpato Voutes		10	50
2	la femme hydropique		14	
1	Venise Turner	Labrouste	6	
2	Chien du regiment chien		12	50
1	Joffa	aabrouste	8	
4	Chasses Couleur		3	75
3	Chasses grenier, Chien Couleur		5	
2	Traineaux couleur		2	
1	retour au chateau		1	50
1	Descente de croix Claessens		12	50
1	Madone de S. Sixte		12	
1	Napoleon Desnoyers		6	50
1	Tentation de Scheffer		11	
1	Hebe Scheffer		3	25
1	Georges [illegible]	Vigniers	5	50
1	Vierge d'Orleans		6	
1	Belle Jardiniere Desnoyers		14	
1	Ste Amelie, maintenon		14	
35	maisons de Ville et Campagne		20	
41	moniteur des architectes		20	
			800	75

		800	75
6	Vignole	10	50
27	Rembrand vol.	5	
2	Vol. Paysages Loisirs de Campagne	2	
100	architecture pittoresque Victor Petit	20	
20	fleurs aquarelles Redouté Coul.	9	50
50	l'école du Dessin	10	50
50 50	petites construction pittoresque Parcs et Jardin Complet } 100f	40	
100	Habitations champêtres	11	50
100	d. d.	12	50
71	Norblin	6	
12	l'alhambra	2	
17	Decamps et autre Labrouste	7	
72	Serrurerie Leconte	2	
32	Dessin linéaire industriel	4	
12	Etudes pour la figure	5	
12	d.	3	50
26	praticien industriel machines	9	
12	le genre	3	25
12	fleurs et fruits	3	75
6	Vol. archit. moderne Jean Cousin maisons de Ville et Camp. Clortebat Vignole ornement terre cuite }	9	
1	loges de Raphaël	9	
		985	75

		985	75
	Salvage avec texte	8	
	15 Cadres et Sous verres	11	
×	nos 5 – 8. enfant Jesus / Enfant surpris par un loup } Labrouste	7	
×	no 4 Mignon et son pere	5	50
×	no 2 l'amour vient et s'en va 2 cadres	4	
×	no 1 Sujets d'enfans 2 cadres	7	50
×	no 3 Belisaire, Homere Labrouste	10	..
×	no 9 Lady Evelyn	3	50
×	no 6 – 7 Jeanne d'arc, massacre des innocents	6	
	Exposition encadrée	3	
	2 Education de la nature du monde	13	
	2 demande en mariage, l'accouchée	11	
	1 Esmeralda	3	50
×	no 10 Le lion amoureux	10	
	6 portefeuilles	1	50
	1 Grand portefeuille	3	50
		1093	75

DÉSIGNATION

Grands sujets historiques et autres pour encadrements en manière noire et lithographies en noir et en couleur.

Gravures au burin, par Calamatta, Desnoyers, Forster, Aristide Louis, Wille, et autres sujets de vierges, religieux, allégoriques, gracieux, etc., d'après Giraud, Gué, Martens, Murillo, Ribera, Scheffer et autres.

Les Moissonneurs et pendants, d'après Léopold Robert. La Belle Jardinière de Desnoyers, épreuve ancienne. Descente de croix de Claessens. Femme hydropique et pendant. Voûtes du Vatican de Volpato. La Messe de Morghen, Madone de Muller, Napoléon de Desnoyers.

Gravures anglaises, têtes de femmes, sujets de genre, têtes gracieuses en manière noire.

Lithographies, sujets de genre en noir et en couleur. Musée des rieurs, Musée pour rire, Etudes de mœurs, sujets gracieux, par Felon, Compte-Calix et autres; sujets religieux, sujets militaires, par Bellangé, Raffet; Chasses par Grenier; Paysages de Calame, Hubert et autres; Vésale d'Harman, etc.

Costumes militaires de divers pays, lithographiés en couleur, etc.

Sujets militaires, Arabes, chasses, batailles, de Bellanger et autres; Marines, de Gudin; Paysages divers, de Diday et autres.

Fleurs, fruits et plantes, par Bléry, Chabal, Maucherat, Jullien, Redouté, Van Spandonck et autres, noir et couleur.

Oiseaux, par Traviès.

Bestiaux, par de Dreux, Rosa Bonheur, Herring, Victor Adam et autres.

Chevaux, par Géricault, Carle et Horace Vernet.

Vallée de la Loire, maisons de campagne, habitations champêtres, parcs et jardins, petites constructions pittoresques, etc., par Victor Petit; en feuilles et reliées.

Œuvre de Boissieu, complet, Loges de Raphaël, Œuvre de Norblin, Rembrandt, Jean Cousin, Vignoles.

Albums de perspective et autres, serrurerie, anatomie du gladiateur de Salvage, avec texte.

Modèles classiques du Louvre, par Mme Ducollet.

Moniteur des architectes.

Ornements de Feuchère, Jullienne, Metzmacher, Jules Peyre, Reynard, Rieter et autres, au deux crayons, par Billordeau, Carot, Jullien, Liénard, Plantar et autres.

Recueil de dessins pour l'art et l'industrie, par Adalbert de Beaumont. Etudes de dessin au lavis, mécanique, architecture.

Grandes études de Julien, d'après les maîtres, en noir, aux deux crayons et en couleur.

Grandes natures mortes, en couleur.

Grandes vues des capitales de l'Europe, en noir et en couleur; gouaches italiennes, vues de Paris, Exposition universelle.

Espagne de Villa Amil; France de Chapuy; vues aériennes de France et de l'étranger; Fontainebleau, de Pfnor.

Portraits de personnages célèbres: Napoléon et sa famille, et autres.

Estampes diverses encadrées.

Renou et Maulde, imprimeurs de la Compagnie des Commissaires Priseurs
rue de Rivoli, 144. 26013

www.ingramcontent.com/pod-product-compliance
Ingram Content Group UK Ltd.
Pitfield, Milton Keynes, MK11 3LW, UK
UKHW022155260726
13993UKWH00005B/2377

9 782329 514581